Torsten Hauschild

Vertiefung des ERM am Beispiel einer Hausverwaltung

GRIN Verlag

Bibliografische Information der Deutschen Nationalbibliothek:

Die Deutsche Bibliothek verzeichnet diese Publikation in der Deutschen National-
bibliografie; detaillierte bibliografische Daten sind im Internet über http://dnb.d-
nb.de/ abrufbar.

Impressum:

Copyright © 2004 GRIN Verlag GmbH
Druck und Bindung: Books on Demand GmbH, Norderstedt Germany
ISBN: 978-3-656-53229-3

Dieses Buch bei GRIN:

http://www.grin.com/de/e-book/37746/vertiefung-des-erm-am-beispiel-einer-
hausverwaltung

GRIN - Your knowledge has value

Der GRIN Verlag publiziert seit 1998 wissenschaftliche Arbeiten von Studenten, Hochschullehrern und anderen Akademikern als eBook und gedrucktes Buch. Die Verlagswebsite www.grin.com ist die ideale Plattform zur Veröffentlichung von Hausarbeiten, Abschlussarbeiten, wissenschaftlichen Aufsätzen, Dissertationen und Fachbüchern.

Besuchen Sie uns im Internet:

http://www.grin.com/

http://www.facebook.com/grincom

http://www.twitter.com/grin_com

Studienseminar Hannover
für das Lehramt an berufsbildenden Schulen

Entwurf zum viertem einfachen Unterrichtsbesuch im Fach Informatik

Hannover Seminargruppe: 63

Fach: Informatik

Klasse: Einjährige Berufsfachschule Informatik (BFI 1)

Schule: Friedrich-List-Schule Hildesheim (Telefon: 05121 - 171-0)

Wahlpflichtkurs: Relationale Datenbanksysteme entwerfen, realisieren und nutzen

Unterrichtseinheit: Projekt Reisebüro

Thema der Stunde:

Vertiefung des ERM am Beispiel einer Hausverwaltung

Datum: 21.12.2004

Zeit: 12:20 – 13:05 Uhr (6. Stunde)

Raum: 318 (Gebäude 3, 1. Stock)

Inhalt

1. Beschreibung und Analyse des Bedingungsfeldes

1.1 Daten und Analyse der Kompetenzen der Klassen- und Schüler- und Lehrersituation
1.2 Institutionelle Rahmenbedingungen

2. Didaktisch-methodische Begründung

2.1 Analyse der curricularen Vorgaben
2.2 Lernziele und Handlungskompetenzen

3. Geplanter Verlauf der Unterrichtseinheit

4. Geplanter Verlauf der Unterrichtseinheit

5. Quellenverzeichnis

6. Anlagen

1. Beschreibung und Analyse des Bedingungsfeldes

1.1 Daten und Analyse der Kompetenzen der Klassen- und Schüler- und Lehrersituation

Bei der Klasse BFI 1 handelt es sich um eine Klasse mit 23 Lernenden (22 Schüler und 1 Schülerin). Sie sind zwischen 16 und 18 Jahren alt. 15 Lernende haben den Sekundarschulabschluss I. 8 Schüler besitzen den erweiterten Sekundarschulabschluss I.

Die Lernenden sind im Durchschnitt ungefähr 17 Jahre alt. Die Alterstruktur der Klasse ist folgendermaßen:

Alter	16 Jahre	17 Jahre	18 Jahre
Anzahl der Lernenden	5	15	4

Burim ist Russlanddeutscher. Er ist der einzige Lernende ausländischer Herkunft. Alle Lernenden sprechen fließend Deutsch, so dass mangelnde Sprachkenntnisse kein Hindernis im Unterricht darstellen. In der Klasse sind keine Wiederholer der BFI. Allerdings war Christoph im vorigen Jahr auf der Höheren Handelsschule, ohne den erweiterten Sekundarschulabschluss I zu erlangen. Dort hat er einem Wahlpflichtkurs Datenbanken belegt. Larissa ist die einzige Schülerin in der Klasse, was ihre Integration erschwert. Die Lernenden sind alle unverheiratet und wohnen noch bei ihren Eltern.

Die **Fachkompetenz** der Lernenden ist befriedigend. Im Umgang mit Informationstexten haben viele Schülerinnen und Schüler Schwächen. Praktisches Arbeiten am Rechner liegt den Lernenden mehr. Christoph ist der herausragende Schüler. Die Leistungsfähigkeit der Lernenden ist insgesamt sehr unterschiedlich. Durch nachlässiges Arbeiten passieren vielen Lernenden häufig Flüchtigkeitsfehler. Die Lernenden können bereits ein Entity-Relationship-Modell entwerfen. Sie können bereits Beziehungen zwischen Entitätstypen darstellen, Kardinalitäten bestimmen und Attribute zu Entitätstypen festlegen. Diese Kenntnisse müssen aber noch weiter vertieft werden. Durch das Projekt Reisebüro haben sie außerdem den Prozess der Entwicklung einer Datenbank kennen gelernt. Des Weiteren besitzen sie Kenntnisse über Abfragen und Berichte in Access.

Nicht ausreichend ist die **Methodenkompetenz** der Klasse. Das Arbeitsverhalten ist zu wenig diszipliniert. Die Lernenden lesen sehr ungern, so dass Hilfen, Informationstexte und Anleitungen zu wenig genutzt werden. Probleme werden von den Lernenden nicht immer systematisch angegangen. Das selbständige Erarbeiten neuer Inhalte fällt Ihnen daher schwer. Allerdings kommen manche Lernende bei praktischen Aufgabenstellungen durch intuitives Ausprobieren zu richtigen Lösungen. Auch das Präsentieren von Arbeitsergebnissen muss noch verbessert werden.

Die **Sozialkompetenz** der Klasse ist verbesserungswürdig. Viele Lernende weisen ein spätpubertäres Verhalten auf. Sie sind unreif. An den Umgangsformen innerhalb der Klasse muss noch weiter gearbeitet werden. Manche Lernende setzen sich gegenseitig durch Sprüche herab. Ebenso ist die wechselseitige Hilfsbereitschaft bei Problemen zu gering.

Meine persönlichen Kenntnisse des Entity-Relationship-Diagramm entstammen dem Studium. Mein Verhältnis zu der Klasse ist gut. Positiv wirkt sich auf mein Verhältnis zu der Klasse die persönliche Wertschätzung aus, die ich den Lernenden entgegenbringe.

1.2 Institutionelle Rahmenbedingungen

Im Unterrichtsraum 318 sind nicht genügend Rechner für jeden Lernenden vorhanden. Daher müssen sich die Schülerinnen und Schüler teilweise zu zweit einen Rechner teilen. Die Computer sind an den Wänden angeordnet. Auf den Rechnern ist Windows 2000 installiert. In der Mitte des Raumes befinden sich hufeisenartig angeordnete Tische für theoretischen Unterricht. Der Raum verfügt über einen fest an der Decke montierten Beamer, einen Projektor und ein Whiteboard. Die Datenbank ist in der Version MS Access 2000 für die Schüler verfügbar. Die Rechner sind vernetzt. Aufgaben können über ein Tauschverzeichnis bereitgestellt werden. Das Tauschverzeichnis kann vom Lehrer gesperrt werden. Ein DSL-Internetzugang kann von den Lehrenden frei geschaltet werden.

2.   Didaktisch-methodische Begründung

2.1 Analyse der curricularen Vorgaben

Grundlage für die Planung der Unterrichtseinheit ist die Rahmenrichtlinie für die einjährige Berufsfachschule - Informatik - für Realschulabsolventinnen und Realschulabsolventen (Stand: März 2003). Für den Wahlpflichtkurs „Relationale Datenbanksysteme entwerfen, realisieren und nutzen" sind hier 80 Unterrichtsstunden vorgesehen. Der Hauptschwerpunkt dieses Wahlpflichtkurses (den die BFI-Lernenden der Friedrich-List-Schule belegen müssen) liegt bei relationalen Datenbanken unter Access. In den Rahmenrichtlinien heißt es „Die Schülerinnen und Schüler erläutern die Architektur eines Datenbanksystems. Sie modellieren, entwickeln und dokumentieren ein Datenbanksystem geringer Komplexität." Als Lerninhalt ist ein Entity-Relationship-Modell vorgesehen.

Laut dem schulischen Lehrplan sollen die Lernenden „mit Hilfe des ERM aus Geschäftsprozessen ein Datenbanksystem entwerfen und realisieren". Auch hier ist als Lerninhalt ein Entity-Relationship-Modell vorgesehen.

Aufgrund des Stellenwertes des ERM im Lehrplan ist eine Vertiefung des Inhaltes durch Übungsstunden sinnvoll.

2.2 Lernziele und Handlungskompetenzen

Stundenlernziel:

Die Lernenden sollen ein Entity-Relationship-Modell für eine Hausverwaltung nach Chen erstellen.

Fachkompetenzen:

Die Lernenden sollen...

- ➤ die Beziehungen zwischen den Entitätstypen Haus, Wohnung, Reise, Mieter, Eigentümer und Hausmeister gegenüberstellen. (FK 1)
- ➤ die Kardinalitäten zwischen den Entitätstypen Haus, Wohnung, Reise, Mieter, Eigentümer und Hausmeister unterscheiden. (FK 2)
- ➤ die Attribute der Hausverwaltung den Entitätstypen Haus, Wohnung, Reise, Mieter, Eigentümer und Hausmeister zuordnen. (FK 3)
- ➤ die Datenstruktur der Datenbank Hausverwaltung konzipieren. (FK 4)

Methodenkompetenzen:

Die Lernenden sollen...

- ➤ ihr Entity-Relationship-Modell für eine Hausverwaltung präsentieren. (MK 1)
- ➤ die komplexe Ausgangssituation einer Hausverwaltung in ein Modell übertragen. (MK 2)

Sozialkompetenzen:

Die Lernenden sollen...

> ➢ ihre Teamfähigkeit durch Gruppenarbeit zur Erarbeitung des ERM verbessern. (SK 1)
> ➢ durch gegenseitige Unterstützung bei der Erarbeitung des ERM Hilfsbereitschaft praktizieren. (SK 2)

3. Geplanter Verlauf der Unterrichtseinheit

Datum	Min.	Unterrichtsinhalte
16.11.04	90	Erstellung eines Zeitplans für die Entwicklung eines Prototypen
23.11.04	90	Erstellung eines Mitarbeitereinsatzplans
24.11.04	45	Einführung Entity-Relationship-Modell
30.11.04	90	Datenbankdiagramm / Anlegen der Datenbank
7.12.04	90	Vertiefung des ERM am Beispiel einer Bibliothek
21.12.04	90	Vertiefung des ERM am Beispiel einer Hausverwaltung
10.01.04	90	Einführung in die Notation eines ERM nach Krähenfuss
17.01.04	90	Klassenarbeit zum ERM

4. Geplanter Verlauf der Unterrichtseinheit

Die Didaktische Reserve der Unterrichtseinheit besteht darin, dass der Lehrer den Hinweis gibt, die Liste der Angaben zur Datenbank der Micasa GmbH sei unvollständig. Daher fordert er die Lernenden auf Ergänzungen zu dem bestehenden ERM zu machen. Die Lernenden sollen also weitere Entitätstypen mit den dazu gehörenden Beziehungen, Kardinalitäten und Attributen ergänzen. Eine sinnvolle Ergänzung wäre z.B.: Jedes Treppenhaus eines Hauses wird von einer Putzfrau geputzt. Eine Putzfrau kann in mehreren Häusern putzen. Die Putzfrau hat eine PutzfrauNr, einen Namen, eine Anschrift und ein Gehalt. Außerdem könnten die Lernenden auch das Geburtsdatum der Eigentümer, der Mieter, des Hausmeisters und der Putzfrau darstellen. Weitere Ergänzungen der Lernenden sind denkbar.

Zeitver-lauf (Min.)	Phasen des Unterrichts	Lernziel	Geplante Aktionen des Lehr- und Lernhandelns	Verwendete Medien
0-5	Einführung		o Lehrer gibt einen Überblick über den Stundenverlauf o Lehrer verteilt Arbeitsblatt und Informationsblatt	Arbeitsblatt
6-10	Problemanalyse und –planung der Lösung		o Lernende lesen Ausgangssituation vor o Lehrer-Schüler-Gespräch zur Klärung von Verständnisfragen	Arbeitsblatt
11-75	Problemerarbeitung	FK 1, FK 2, FK 3, FK 4, MK 2, SK1, SK 2	o Lernende erarbeiten ERM in Gruppenarbeit o Lehrer gibt den Lernenden Hilfestellung in dem er Fragen beantwortet	Arbeitsblatt, Plakatpapier, Kärtchen
	Didaktische Reserve	FK 4, MK 2, SK1, SK 2	o Lernende ergänzen ERM	Arbeitsblatt, Plakatpapier, Kärtchen
76-90	Präsentation & Ergebnissicherung	FK 1, FK 2, MK 1	o Schülerinnen und Schüler führen ihre erarbeiteten Ergebnisse vor o Lehrer unterstützt Lernende o Lernende übernehmen Lösung o Lehrer stellt Hausaufgabe	Arbeitsblatt, Plakate

5. Quellenverzeichnis

1. **Schumann/Schüle/Schumann:** Entwicklung von Anwendungssystemen – Grundzüge eines werkzeuggestützten Vorgehens, Heidelberg 1994.

2. Materialien für den Unterricht in den Fächern Kerngebiete der Informatik und Anwendungsgebiete der Informatik in der Einjährigen Berufsfachschule Informatik

6. Anlagen

Arbeitsblatt, Musterlösung

Entity-Relationship-Modell für eine Hausverwaltung

Ausgangssituation:

Als Mitarbeiter der Softwarefirma S-BBS GmbH in Hildesheim erhalten Sie von der Immobilienverwaltung Micasa GmbH in Hildesheim den Auftrag für eine geplante Datenbank zur Hausverwaltung ein Entity-Relationship-Modell zu erstellen. Das ERM soll in Teamarbeit erstellt werden.

Die Micasa GmbH verwaltet 10 Mehrfamilienhäuser. In jedem Mehrfamilienhaus befinden sich mehrere Eigentumswohnungen, die von Mietern bewohnt werden. Dabei kann es sein, dass einem Eigentümer mehrere Wohnungen gehören. Alle Häuser werden von Hausmeistern betreut, wobei ein Hausmeister für mehrere Häuser zuständig ist.

Zukünftig sollen alle Angaben, die zu einer Immobilienverwaltung benötigt werden, in einer Datenbank erfasst werden. Um Ihnen bei der Planung der Datenbank zu helfen, hat ein Mitarbeiter der Micasa GmbH bereits einige Angaben zusammengestellt (siehe unten), die auf jeden Fall in der Datenbank enthalten seien sollen.

Arbeitsauftrag:

- Arbeiten Sie 70 Minuten in Gruppenarbeit (bilden Sie dazu 3 Gruppen)
- Konzipieren Sie die Datenstruktur der Datenbank **Hausverwaltung**.
- Erstellen Sie ein ER-Modell indem Sie das ER-Diagramm mit Kärtchen auf einem Plakat anfertigen
- Benutzen Sie die bekannte Notation!
- Das Plakat soll anschließend an der Tafel präsentiert werden
- Bestimmen Sie jemanden für die Präsentation

	Erläuterungen und Hinweise
Name des Mieters	
HausNr	Nummer des Mehrfamilienhauses
Name des Eigentümers	
WohnungsNr	Nummer der Wohnung im jeweiligen Mehrfamilienhaus
Zimmerzahl der Wohnung	
Anschrift des Mehrfamilienhauses	
Name des Hausmeisters	
Wohn- und Nutzfläche der Wohnung	
Anschrift des Hausmeisters	
Anschrift des Eigentümers	
Höhe der Miete und der Nebenkosten	eine genaue Erfassung der einzelnen Nebenkosten erfolgt außerhalb der Datenbank
HausmeisterNr	Nummer des Hausmeisters
Ausstattung der Wohnung	einfach, gehoben oder luxuriös
Gehalt des Hausmeisters	
Geschlecht des Eigentümers	wichtig für die Anrede im Schriftverkehr
EigentümerNr	Nummer des Eigentümers
Zahlart des Mieters	z. B. Überweisung, Dauerauftrag, Einzugsermächtigung
Geschlecht des Mieters	wichtig für die Anrede im Schriftverkehr
Anzahl des Wohnungen im Mehrfamilienhaus	
Kontoverbindung des Mieters	